La liberté d'être libre

HANNAH ARENDT
AUX ÉDITIONS PAYOT & RIVAGES

La Liberté d'être libre
La Nature du totalitarisme
La révolution qui vient
Humanité et terreur
Responsabilité et jugement
La Philosophie de l'existence
Rahel Varnhagen. La vie d'une Juive allemande à l'époque du romantisme
Heureux celui qui n'a pas de patrie. Poèmes de pensée
À travers le mur. Un conte et trois paraboles, précédés de *Notre enfant* (par Martha Arendt)
« La philosophie n'est pas tout à fait innocente » (avec Karl Jaspers)
Politique et pensée
Considérations morales
Le Concept d'amour chez saint Augustin

Hannah Arendt

La liberté d'être libre

Les conditions et la signification de la révolution

Traduit de l'anglais par Françoise Bouillot

PAYOT

Retrouvez l'ensemble des parutions
des Éditions Payot & Rivages sur

payot-rivages.fr

TITRE ORIGINAL :
The Freedom to Be Free

NOTE ÉDITORIALE

« Être libre pour la liberté signifie avant tout être délivré, non seulement de la peur, mais aussi du besoin. »

Hannah Arendt

Jusqu'en 2017, personne ne connaissait « La liberté d'être libre ». Totalement inédit, probablement écrit en 1966-1967, ce texte a été découvert par Jerome Kohn, qui dirige à New York le Centre Hannah-Arendt, dans le fonds Arendt de la Bibliothèque du Congrès, à Washington. Le manuscrit ne comportait pas de titre, à part « A Lecture » (« Une conférence ») ; Kohn lui en a donné un, « The Freedom to Be Free », qui fait écho tant à une expression de Henry David Thoreau dans *La Vie sans principe* qu'à la célèbre formule de *L'Origine du totalitarisme* : le droit d'avoir des droits[1]. Il a d'abord été publié en 2017 dans l'*American New England Review* (vol. 38, n° 2). Quelques mois plus tard, début 2018, il prenait place dans l'imposant volume d'inédits rassemblés par Jerome Kohn sous le titre de *Thinking*

1. Pour une discussion de cette expression en lien avec la figure de l'apatride, voir Judith Butler et Gayatri Chakravorty Spivak, *L'État global*, traduit de l'anglais (États-Unis) par Françoise Bouillot, Paris, Payot, coll. « Petite Bibliothèque Payot », 2009.

Without a Banister[1] et paraissait en Allemagne où il devenait aussitôt un best-seller[2], grâce à sa parfaite limpidité, mais aussi parce que son thème entre en très forte résonance avec notre époque.

À quoi la philosophe destinait-elle ces pages sur la liberté, l'action politique, la pauvreté et la misère, à l'ombre des deux grandes révolutions du XVIIIe siècle que furent la Révolution américaine et la Révolution française ? Nul ne le sait. Si le texte débute

1. Hannah Arendt, *Thinking Without a Banister. Essays in Understanding, 1953-1975*, New York, Schocken Books, 2018.

2. Hannah Arendt, *Die Freiheit, frei zu sein*, traduit de l'anglais (États-Unis) par Andreas Wirthensohn, postface de Thomas Meyer, München, DTV, 2018.

comme une conférence, sa taille est trop importante pour qu'il se soit agi d'une simple communication orale. Ce qui est sûr, c'est qu'il a été écrit dans le contexte de la crise de Cuba, des révolutions en Amérique du Sud et de la décolonisation, qu'il se situe dans le sillage d'*On Revolution* (1963) et qu'il synthétise toute la réflexion de la philosophe sur la liberté, notion qui est au cœur de sa pensée politique.

Qu'est-ce qu'une vie libre ? La liberté est-elle un privilège ? Les pauvres et les « subalternes » en sont-ils privés ? Pourquoi aucune révolution ne peut-elle se concevoir sans elle ? Que savons-nous d'ailleurs de ces moments de grand bouleversement ? Quoi faire de sa liberté ? Si *La Liberté d'être libre* nous permet notamment de comprendre que le changement politique n'est pas possible sans qu'il y ait au préalable un changement social, lire Arendt aujourd'hui, c'est être également invité à retrouver le désir passionné de participer aux affaires publiques : débattre sur la manière dont nous voulons vivre ensemble, et agir politiquement. En ces temps de populisme, de contrôle et de surveillance, ce ne sont pas de vains mots.

La liberté d'être libre

L'actualité du thème dont je vais vous parler est presque embarrassante. Les révolutions sont devenues courantes depuis que, suite à la liquidation de l'impérialisme, tant de peuples se sont levés pour « prendre, parmi les puissances de la Terre, la place séparée et égale à laquelle les lois de la nature et du dieu de la nature [leur] donnent droit[1] ». De même que

1. Préambule de la Déclaration d'indépendance des États-Unis d'Amérique, 4 juillet 1776. *(Toutes les notes sont de la traductrice, sauf mention contraire.)*

le résultat le plus durable de l'expansion impérialiste a été l'exportation de l'idée de l'État-nation aux quatre coins de la Terre, de même la fin de l'impérialisme, sous la pression du nationalisme, a conduit à la dissémination de l'idée de révolution partout dans le monde.

Aussi violemment antioccidentale que puisse être leur rhétorique, ces révolutions relèvent toutes des révolutions occidentales traditionnelles. Le préalable à la situation actuelle a été la série de révolutions qui ont suivi la Première Guerre mondiale en Europe. Depuis lors, et de façon plus marquée après la Seconde Guerre mondiale, il semble assuré qu'un changement révolutionnaire de la forme de gouvernement, et non un simple changement de gouvernement, suivrait une défaite dans le cas d'une guerre entre les grandes puissances actuelles – si l'on exclut bien sûr une annihilation totale. Nous devons toutefois garder à l'esprit qu'avant même que les développements de la technologie aient transformé les guerres entre les grandes puissances en un combat à mort – qui contient donc sa propre défaite –, les guerres au sens politique étaient déjà devenues une affaire de vie et de mort. Loin d'être une évidence, cela signifiait que les protagonistes des guerres nationales avaient commencé à se comporter comme s'ils étaient en train de mener une guerre civile. Et les guerres locales de ces vingt dernières années[1] – Corée,

1. Hannah Arendt écrit ce texte en 1966-1967.

Algérie, Vietnam – ont été à l'évidence des guerres civiles dans lesquelles les grandes puissances sont venues s'impliquer, parce que la révolution menaçait leur domination ou avait provoqué une dangereuse vacance du pouvoir. Dans ces pays, ce n'est plus la guerre qui précipite la révolution. L'initiative est passée de la guerre à la révolution, suivie dans certains cas, mais pas de façon systématique, d'une intervention militaire. C'est comme si nous étions soudain revenus au XVIIIe siècle, quand la Révolution américaine fut suivie d'une guerre contre l'Angleterre, et quand la Révolution française fut suivie d'une guerre contre les monarchies alliées de l'Europe.

Là encore, en dépit de différences considérables – notamment dans l'outillage technologique –, les interventions militaires semblent relativement impuissantes face à ce phénomène. Si beaucoup de révolutions ont échoué au cours des deux derniers siècles, en réalité fort peu ont été vaincues par la supériorité dans l'application des moyens de violence. À l'inverse, les interventions militaires, même couronnées de succès, se sont souvent révélées remarquablement inefficaces pour restaurer la stabilité et combler la vacance du pouvoir. Il semble que même la victoire ne parvienne pas à substituer la stabilité au chaos, l'honnêteté à la corruption, l'autorité et la confiance dans le gouvernement à sa décadence et à sa désintégration. La restauration, conséquence d'une révolution interrompue, ne constitue en général guère plus qu'un mince paravent, à l'évidence provisoire, derrière lequel les processus de désintégration se poursuivent loin des regards. En revanche, les nouveaux corps politiques formés de façon consciente, dont la République américaine est l'exemple par excellence, possèdent une grande force de stabilité potentielle ; le principal problème étant bien sûr le petit nombre de révolutions réussies. Pourtant, dans la configuration actuelle du monde où, pour le meilleur et pour le pire, les révolutions sont devenues les événements les plus significatifs et les plus fréquents – et il est fort probable qu'il en ira de même dans les décennies à venir –, il serait non seulement plus sage, mais aussi plus pertinent, au lieu de nous vanter d'être la plus grande puissance de la Terre, de dire que nous avons bénéficié d'une extraordinaire stabilité depuis la fondation de notre république, et que cette stabilité a été le résultat direct de la révolution. En effet, puisqu'elle ne peut plus être décidée par la guerre, la contestation des grandes puissances peut fort bien être décidée à long terme par le protagoniste qui comprend le mieux la nature des révolutions et de leurs enjeux.

Ce n'est, je pense, un secret pour personne, du moins pas depuis la baie des Cochons[1], que la politique

1. Tentative d'invasion militaire de Cuba par des exilés cubains avec l'appui des États-Unis en avril 1961 qui se solda par un échec retentissant et une grave crise avec l'URSS.

étrangère de ce pays ne s'est guère montrée experte, ni assez informée, pour juger des situations révolutionnaires ou même pour comprendre la dynamique des mouvements révolutionnaires. Bien que l'incident de la baie des Cochons soit souvent attribué à une mauvaise information et à un dysfonctionnement des services secrets, l'échec est en réalité bien plus profond. Il se situe dans l'incapacité à comprendre ce que cela signifie pour un peuple frappé par la pauvreté dans un pays sous-développé, où la corruption a atteint le point de pourriture, d'être soudain délivré, non pas de la pauvreté, mais de l'obscurité et donc de l'impossibilité de comprendre sa misère ; ce que cela signifie pour lui d'entendre pour la première fois que sa situation est discutée ouvertement et qu'il se trouve invité à participer à cette discussion ; ce que cela signifie d'être amené à sa capitale, qu'il n'a jamais vue auparavant, et de s'entendre dire : « Ces rues, ces bâtiments et ces places, tout cela est à vous, c'est votre propriété et donc votre fierté. » C'est cela, ou quelque chose du même genre, qui s'est produit pour la première fois au cours de la Révolution française. Curieusement, ce fut un vieil homme de Prusse Orientale qui n'avait jamais quitté sa ville natale de Königsberg, Emmanuel Kant, un philosophe amoureux de la liberté guère connu pour ses pensées rebelles, qui, le premier, comprit cela. Il déclara qu'« un tel phénomène dans l'histoire humaine *ne s'oublie pas*[1] », et en effet non seulement il n'a pas été oublié, mais il a joué un rôle majeur dans l'histoire du monde depuis qu'il est survenu. Et même si beaucoup de révolutions ont fini en tyrannie, on s'est toujours rappelé aussi que, selon les termes de Condorcet, « le mot "révolutionnaire" ne s'applique qu'aux révolutions qui ont la liberté pour objet[2] ».

Le mot « révolution », comme n'importe quel terme de notre vocabulaire politique, peut être entendu au sens

---

1. Emmanuel Kant, *Le Conflit des Facultés* (1798), IIe section, § 7, traduit par Christian Ferrié, Paris, Payot, 2015, p. 127.

2. Condorcet, *Sur le sens du mot révolutionnaire*, 1er juin 1793, in *Œuvres complètes*, t. XII, Paris, Didot imprimeur, 1847, p. 627.

générique sans prendre en compte ni l'origine du mot ni le moment où le terme a été appliqué pour la première fois à un phénomène politique particulier. Il importe alors peu de savoir quand et pourquoi le terme lui-même est apparu, puisque le phénomène auquel il se réfère accompagne de tout temps la mémoire humaine. La tentation d'utiliser le mot « révolution » en ce sens est particulièrement forte quand nous parlons pêle-mêle « de guerres et de révolutions », les guerres ayant elles aussi rythmé l'histoire de l'humanité. S'il est difficile d'utiliser le mot « guerre » autrement que dans son sens générique, ne serait-ce que parce que sa première apparition ne peut être ni datée dans le temps ni localisée dans l'espace, il n'existe en revanche aucune excuse de ce type pour l'usage indiscriminé du terme de révolution. Avant les deux grandes révolutions de la fin du XVIIIe siècle, au cours desquelles il a acquis ce sens spécifique, le mot « révolution » n'apparaissait guère dans le vocabulaire de la pensée ou de la pratique politique. Au XVIIe siècle, par exemple, il n'est utilisé que dans son sens astronomique, qui désigne le mouvement éternel, irrésistible et récurrent des corps célestes. Son usage politique est alors métaphorique, décrivant un mouvement de retour à un point donné, et donc de retour à un ordre préalable. L'usage politique du mot ne remonte pas à l'époque où pour la première fois ce que nous appelons une révolution éclata en Angleterre, provoquant l'ascension de Cromwell qui était une forme de dictateur, mais bien à 1660, lors du rétablissement de la monarchie après le renversement du Parlement croupion *(Rump Parliament)*. Mais même la Glorieuse Révolution, l'événement qui, de façon assez paradoxale, a fait une place à ce terme dans le vocabulaire historique politique, ne fut pas pensée comme une révolution, mais comme la restauration du pouvoir monarchique dans son droit et sa gloire originels. Le sens réel du mot révolution, avant les événements de la fin du XVIIIe siècle, apparaît peut-être de la façon la plus claire dans le grand Sceau d'Angleterre de 1651, selon lequel la première transformation de la monarchie en une république signifiait « la *liberté restaurée* par la grâce de Dieu ».

Le fait que le mot « révolution » ait signifié à l'origine « restauration » est plus qu'une simple bizarrerie sémantique. Même celles du XVIIIe siècle ne peuvent être comprises sans la conscience que les révolutions ont d'abord éclaté dans un but de restauration, et que le contenu de cette restauration était la liberté. En Amérique, selon le mot de John Adams, les hommes de la révolution avaient été « appelés sans s'y attendre et poussés sans propension préalable[1] » ; la même chose est vraie en France où, selon les termes de Tocqueville, « on eût pu croire que le

1. John Adams, *The Works of John Adams, Second President of the United States*, vol. IV, Boston, 1856.

but de la révolution qui se préparait était non la destruction de l'Ancien Régime, mais sa restauration[1] ». Et dans le cours de ces deux révolutions, quand les acteurs prirent conscience qu'ils s'embarquaient dans une entreprise entièrement nouvelle au lieu de revenir à un état antérieur, quand le mot de révolution acquit en conséquence sa nouvelle signification, ce fut Thomas Paine qui, resté fidèle à l'esprit de l'époque passée, proposa le plus sérieusement du monde d'appeler les révolutions américaine et française des « contre-révolutions ». Il voulait sauver ces événements extraordinaires du soupçon qu'il s'agissait d'un commencement entièrement nouveau,

1. Alexis de Tocqueville, *L'Ancien Régime et la Révolution*, vol. II, Paris, Gallimard, coll. « Bibliothèque de la Pléiade », 1953, p. 72.

et du rejet provoqué par la violence à laquelle ils étaient fatalement associés.

Il ne faudrait pas oublier l'horreur presque instinctive qu'inspirait la nouveauté totale à ces premiers révolutionnaires. Cela tient en partie au fait que nous sommes accoutumés à la prétention des scientifiques et des philosophes de l'ère moderne « d'avoir vu ce que personne n'avait aperçu, pensé ce que nul n'avait pensé[1] ». Mais c'est aussi en partie parce que rien dans le cours de ces révolutions n'est plus frappant que l'accent mis sur la nouveauté, repris *ad nauseam* par les acteurs comme les spectateurs, dans leur insistance à dire

1. Hannah Arendt, *La Condition de l'homme moderne*, traduit par Georges Fardier, Paris, Pocket, 1983, p. 316.

que rien de comparable en signification et en grandeur n'était jamais survenu auparavant. Le point crucial et difficile est que l'immense pathos de l'ère nouvelle, le *novus ordo saeclorum*[1] encore inscrit sur nos dollars, ne prit le devant de la scène qu'après que les acteurs, bien souvent contre leur volonté, eurent atteint un point de non-retour.

En conséquence, ce qui s'est réellement passé à la fin du XVIIIe siècle, c'est qu'une tentative de restauration et de récupération d'anciens droits et privilèges a abouti à son exact opposé : un processus de développement ouvrant

1. « Nouvel ordre des siècles », expression inscrite au revers du grand sceau des États-Unis en 1782, et reprise sur le billet de 1 dollar américain en 1932.

les portes d'un avenir qui allait résister à toutes les tentatives ultérieures d'agir ou de penser dans les termes d'un mouvement circulaire ou de retour. Et si le terme de révolution s'est radicalement transformé au cours du processus révolutionnaire, il s'est passé une chose similaire, mais infiniment plus complexe, avec le mot « liberté ». Tant que l'on n'entendait rien d'autre par ce mot que la liberté « restaurée par la grâce de Dieu », il s'agissait encore de ces droits et de ces libertés que nous associons aujourd'hui au gouvernement constitutionnel, qualifiées à juste titre de droits civiques. Ce qui n'y était pas inclus, c'était le droit politique de participer aux affaires publiques. Aucun des droits qui y étaient associés, pas même celui de se déclarer à des fins d'imposition, ne fut ni en théorie ni en pratique le résultat de la révolution. Ce qui était révolutionnaire, ce n'était pas « la vie, la liberté et la propriété », mais l'affirmation qu'il s'agissait de droits inaliénables propres à toutes les créatures humaines, dans quelque endroit ou sous quelque type de gouvernement qu'elles vécussent. Et même dans cette nouvelle et révolutionnaire extension à toute l'humanité, la liberté ne signifiait guère plus que la libération d'une contrainte injustifiable, c'est-à-dire quelque chose d'essentiellement négatif. Les libertés au sens des droits civiques sont le résultat d'une libération, mais elles ne sont en aucun cas le contenu réel de la liberté, dont l'essence est l'admission dans le domaine public et l'autorisation à participer aux affaires publiques. Si les révolutions n'avaient visé qu'à la garantie des droits civiques, il aurait suffi de se libérer des régimes qui avaient outrepassé leurs pouvoirs et empiété sur des droits bien établis. Il est vrai d'ailleurs que les révolutions du XVIIIe siècle commencèrent par revendiquer ces anciens droits. La complexité surgit quand la révolution parle à la fois de libération et de liberté ; or, la libération étant de fait une condition de la liberté – même si la liberté n'est en aucun cas une conséquence nécessaire de la libération –, il est difficile de dire où finit le désir de libération, celui d'être délivré de l'oppression, et où commence le désir de liberté, celui de vivre une vie politique. La question est que la libération de l'oppression aurait fort bien pu se réaliser sous un gouvernement monarchique mais non tyrannique, alors que la liberté d'un mode de vie politique exigeait une forme nouvelle, ou plutôt une forme redécouverte, de gouvernement : elle exigeait la constitution d'une république. Rien n'est d'ailleurs mieux corroboré par les faits que cette réflexion de Jefferson bien après les événements : « Les luttes de ce temps étaient des luttes de principe entre les partisans du régime républicain et les partisans de la royauté[1]. » L'assimilation d'un gouvernement républicain à la liberté, et la conviction que la monarchie est un gouvernement criminel qui convient aux esclaves – qui sont devenues un

1. Thomas Jefferson, « Anas », in *Memoirs, Correspondence, and Private Papers of Thomas Jefferson*, vol. IV, Londres, 1829, p. 454.

lieu commun quasi dès le début des révolutions – étaient également absentes de l'esprit des révolutionnaires eux-mêmes. Pourtant, même si ce qu'ils visaient était une liberté nouvelle, il serait difficile de soutenir qu'ils n'en avaient aucune notion préalable. Au contraire, ce fut une passion pour cette nouvelle liberté politique, bien que pas encore assimilée à une forme républicaine de gouvernement, qui les inspira et les prépara à mettre en œuvre la révolution sans savoir pleinement ce qu'ils faisaient.

Aucune révolution, si largement qu'elle ait ouvert ses portes aux masses et aux miséreux – *les malheureux, les misérables, les damnés de la terre**, comme

* Tous les mots en italique suivis d'un astérisque sont en français dans le texte.

les désigne la grande rhétorique de la Révolution française –, ne fut jamais lancée par eux. Et aucune révolution ne fut jamais le résultat de conspirations, de sociétés secrètes ou de partis ouvertement révolutionnaires. De façon générale, aucune révolution n'est même possible là où l'autorité du corps politique est intacte, ce qui dans le monde moderne signifie là où l'on peut être assuré que les forces armées obéissent aux autorités civiles. Les révolutions ne sont pas des réponses nécessaires, mais des réponses possibles à la déposition d'un monarque, elles ne sont pas la cause mais bien la conséquence de la chute de l'autorité politique. Partout où ces processus de désintégration ont pu se développer sans entraves, en général sur une période prolongée, une révolution *peut* survenir à la condition qu'il existe une fraction suffisante du peuple qui soit prête pour un effondrement du régime et qui soit disposée à assumer le pouvoir. Les révolutions semblent toujours réussir avec une facilité déconcertante à leur stade initial : la raison en est que ceux qui sont censés « faire » les révolutions ne « s'emparent » pas du pouvoir, mais plutôt le ramassent quand il traîne dans la rue.

Si les hommes des révolutions américaine et française avaient quelque chose en commun avant les événements qui devaient déterminer leur vie, modeler leurs convictions et enfin les emporter, ce fut un désir passionné de participer aux affaires publiques, et un dégoût non moins passionné pour l'hypocrisie et la bêtise de la « bonne société » – à quoi il faut ajouter une grande soif d'action et un mépris plus ou moins déguisé pour l'aspect mesquin des affaires purement privées. Sur la formation de cette mentalité très particulière, John Adams avait entièrement raison de dire que « la révolution était accomplie avant que la guerre commence[1] », non à cause d'un esprit spécifiquement révolutionnaire ou rebelle, mais parce que les habitants des colonies étaient « groupés par la loi en corporations ou corps politiques », ayant « le droit de tenir leurs propres assemblées municipales, où ils délibéraient des affaires publiques », car ce fut en effet « dans

1. John Adams, lettre à Hezekiah Niles du 14 janvier 1818, *op. cit.*, vol. X.

ces assemblées de ville ou de district que se façonnèrent d'abord les sentiments du peuple[1] ». Certes, rien de comparable aux institutions politiques des colonies n'existait en France, mais la mentalité était la même ; ce que Tocqueville appelait une « passion » et un « goût » en France était en Amérique une expérience manifeste depuis les premiers temps de la colonisation, en fait depuis le Mayflower Compact[2], véritable école de l'esprit public et de la liberté publique. Avant les révolutions, ces hommes des deux côtés de l'Atlantique étaient appelés des *hommes de lettres**, qui passaient leurs loisirs à

1. John Adams, lettre à l'abbé Mably, 1782.

2. Première constitution du Massachusetts, rédigée par les pères pèlerins à bord du *Mayflower*, signée par une partie des colons en 1620.

« fouiller les archives de l'Antiquité », c'est-à-dire à se tourner vers l'histoire romaine, non par un amour romantique du passé, mais pour retrouver les leçons spirituelles, politiques et institutionnelles perdues ou à demi oubliées au long de plusieurs siècles de tradition strictement chrétienne. « Le monde est vide depuis les Romains ; et leur mémoire le remplit, et prophétise encore la liberté[1] », s'exclamait Saint-Just, de même qu'avant lui Thomas Paine avait prédit que « ce qu'Athènes était en miniature, l'Amérique [le serait] en grand[2] ».

---

1. Saint-Just, « Discours à la Convention du 11 germinal an II (31 mars 1794) », in *Œuvres complètes*, *op. cit.*, p. 778.

2. Thomas Paine, *Théorie et pratique des droits de l'homme*, trad. F. Lanthenas, Paris, 1792, p. 28.

Pour comprendre le rôle de l'Antiquité dans l'histoire des révolutions, il faudrait rappeler l'enthousiasme pour « l'antique prudence[1] » avec laquelle Harrington et Milton accueillirent la dictature de Cromwell, et comment cet enthousiasme fut ravivé au XVIIIe siècle par les *Considérations sur les causes de la grandeur et la décadence des Romains* de Montesquieu. Sans l'exemple classique de ce que pouvait être la politique et de ce que pouvait signifier pour le bonheur de l'homme la participation aux affaires publiques, aucun des hommes de ces révolutions n'aurait eu le courage de se lancer dans une action qui semblait n'avoir aucun précédent. Sur le plan historique,

1. James Harrington, *The Commonwealth of Oceana*, 1656.

c'était comme si le retour à l'Antiquité qu'avait accompli la Renaissance se voyait soudain revivifié, comme si la ferveur républicaine des cités-États italiennes à la vie si brève, condamnées par l'avènement de l'État-nation, n'avait été que simplement assoupie, laissant aux nations d'Europe le temps de grandir sous la tutelle de monarques absolus et de despotes éclairés. Les premiers éléments d'une philosophie politique correspondant à cette notion de liberté publique sont posés dans les écrits de John Adams. Il part de l'observation que « partout où il se trouve des hommes, des femmes, des enfants, qu'ils soient vieux ou jeunes, riches ou pauvres, nobles ou vils, [...] ignorants ou instruits, chacun s'attache au désir d'être vu, entendu, discuté, approuvé et respecté par les gens qui l'entourent et qu'il connaît ». La vertu de ce « désir », Adams la voyait dans « le désir d'exceller sur l'autre », et son vice, il l'appelait l'« ambition », qui « vise au pouvoir comme moyen de se distinguer[1] ». Et c'est bien là en effet la principale vertu et le vice premier des hommes politiques. Car le désir de pouvoir en soi, indépendamment de toute passion pour la distinction (où le pouvoir n'est pas un moyen, mais une fin), caractérise le tyran et n'est même plus un vice politique : il tend plutôt à détruire toute vie politique, ses vices autant que ses vertus. C'est précisément parce que le tyran n'a pas le désir d'exceller et est dépourvu

1. John Adams, *Discourses on Davila*, in *Works*, vol. VI, *op. cit.*, p. 232-233.

de toute passion pour la distinction qu'il trouve si plaisant de dominer, s'excluant ainsi de la compagnie des autres ; à l'inverse, c'est le désir d'exceller qui donne aux hommes le goût de leurs pairs et les pousse dans la sphère publique. Cette liberté publique est une réalité mondaine tangible, créée par les hommes pour jouir ensemble de la vie publique – être vu, entendu, connu et inscrit dans la mémoire des autres. Et ce type de liberté demande de l'égalité, elle n'est possible qu'entre pairs. Sur le plan institutionnel, elle n'est possible que dans une république, qui ne connaît pas de sujets et, à strictement parler, pas de dirigeants. C'est pour cette raison que les discussions des formes de gouvernement, en net contraste avec les idéologies ultérieures, ont joué un rôle si important dans la pensée et les écrits des premiers révolutionnaires.

Il tombe sous le sens – et ce fait eut de grandes conséquences – que cette passion pour la liberté en soi s'éveilla chez des hommes ayant des loisirs, ces hommes de lettres qui n'avaient pas de maître et n'étaient pas toujours occupés à gagner leur vie. En d'autres termes, ils jouissaient des privilèges des citoyens athéniens et romains, sans prendre part aux affaires de l'État qui avaient tant accaparé les hommes libres de l'Antiquité. Il va sans dire que là où les hommes vivent dans des conditions de profonde misère, cette passion pour la liberté est inconnue. Et si l'on veut une preuve supplémentaire de l'absence de ces conditions dans les colonies, de « l'aimable égalité » qui règne en Amérique où, comme le disait Jefferson, « l'individu le plus visiblement misérable » était moins réprouvé que « dix-neuf millions des vingt millions d'habitants que compte la France[1] », il suffit de rappeler que John Adams attribuait cet amour de la liberté indistinctement aux « pauvres et riches, nobles et vils, ignorants et éduqués[2] ». C'est la principale raison, et peut-être la seule, qui explique que les principes qui inspirèrent les hommes des premières révolutions triomphèrent en Amérique et échouèrent tragiquement en France.

1. Thomas Jefferson, lettre à Ms. Trist du 18 août 1793.

2. John Adams, *Discourses on Davila*, *op. cit.*, p. 232.

Vu par des yeux américains, un gouvernement républicain en France était aussi « contre nature, irrationnel et irréalisable qu'il le serait gouvernant les éléphants, les lions, les tigres, les panthères, les loups et les ours de la ménagerie royale de Versailles[1] ». Si cette tentative eut lieu néanmoins, c'est que ceux qui l'entreprirent, les hommes de lettres, n'étaient pas très différents de leurs homologues américains ; ce ne fut qu'au cours de la Révolution française qu'ils apprirent combien les conditions dans lesquelles ils agissaient étaient radicalement différentes.

Ces conditions différaient du point de vue tant politique que social. Même

1. John Adams, lettre à Thomas Jefferson du 13 juillet 1813.

la monarchie parlementaire anglaise était un « gouvernement modéré » par rapport à l'absolutisme français. Sous ses auspices, l'Angleterre développa un régime complexe et fonctionnel d'autogouvernement, auquel il ne manquait plus que la fondation explicite d'une république pour confirmer son existence. Pourtant, ces différences politiques, bien qu'importantes, restaient négligeables par rapport au formidable obstacle à la constitution de la liberté que représentaient les conditions sociales en Europe. Les hommes des premières révolutions, même s'ils savaient fort bien que la libération devait précéder la liberté, n'avaient pas encore conscience du fait qu'une telle libération signifie davantage que la libération politique d'un pouvoir absolu et despotique ; qu'être libre pour la liberté signifie avant tout être délivré, non seulement de la peur, mais aussi du besoin. Et l'état de pauvreté absolue du peuple, de ceux qui, pour la première fois, jaillirent dans le monde quand ils se répandirent dans les rues de Paris, ne pouvait pas être surmonté par des moyens politiques ; la contrainte sous laquelle ils agissaient ne s'était pas effondrée sous l'assaut de la révolution comme l'avait fait le pouvoir royal. La Révolution américaine eut la chance de ne pas avoir à affronter cet obstacle à la liberté, et doit en fait une bonne part de son succès tant à l'absence d'une pauvreté sans espoir parmi les hommes libres qu'à l'invisibilité des esclaves dans les colonies du Nouveau Monde. Assurément, il y avait de la pauvreté et de la misère en Amérique, comparable à la situation des « travailleurs pauvres » européens. Si, selon les termes de William Penn, « l'Amérique est un bon pays pour l'Homme pauvre » et si elle est restée le rêve d'une Terre promise pour les pauvres d'Europe jusqu'au début du XXe siècle, il n'en est pas moins vrai que cette situation dépendait dans une très large mesure de la misère des Noirs. Au milieu du XVIIIe siècle, il y avait environ 400 000 Noirs et 1 850 000 Blancs en Amérique, et malgré l'absence de statistiques fiables, on peut douter qu'à l'époque le pourcentage de misère ait été plus élevé dans les pays de l'Ancien Monde (même s'il devait s'élever considérablement au cours du XIXe siècle). La différence, donc, fut que la Révolution américaine – à cause de l'institution de l'esclavage et de la croyance que les esclaves appartenaient à une « race » différente – put ignorer l'existence des misérables, et du même coup s'épargner la tâche formidable de libérer ceux qui n'étaient pas tant contraints par l'oppression politique que par les simples nécessités de la vie. Les *malheureux**, qui jouèrent un rôle si fondamental dans la Révolution française, laquelle les identifia au *peuple**, soit n'existaient pas, soit restèrent dans une obscurité complète en Amérique.

L'une des principales conséquences de la Révolution en France fut, pour la première fois dans l'histoire, d'amener le peuple dans les rues et de le rendre visible. Dès lors, il se révéla que ce n'était pas seulement la liberté, mais la liberté d'être libre, qui avait toujours été le privilège de quelques-uns. Du même coup, la Révolution américaine est restée sans grande conséquence pour la compréhension historique des révolutions, alors que la Révolution française, qui aboutit à un échec retentissant, a déterminé et détermine encore ce que nous appelons aujourd'hui la tradition révolutionnaire.

Que se passa-t-il donc à Paris en 1789 ? D'abord, si être délivré de la peur est un apanage dont même les mieux lotis n'ont joui dans l'Histoire que sur des périodes relativement brèves, être délivré du besoin est le grand privilège qui n'a été échu qu'à une très mince portion de l'humanité au cours des siècles. Ce que nous avons coutume d'appeler l'histoire de l'humanité est, pour l'essentiel, l'histoire de ces quelques privilégiés. Seuls ceux qui sont délivrés de la nécessité peuvent pleinement apprécier ce que c'est qu'être libre de toute peur, et seuls ceux qui sont libérés du besoin *et* de la peur sont capables de concevoir une passion pour la liberté publique et de développer le goût particulier pour l'égalité que cette liberté porte en elle.

Schématiquement, on peut dire que chaque révolution passe d'abord par le stade de la libération avant de parvenir à la liberté, qui est la seconde étape décisive de la fondation d'une nouvelle forme de gouvernement et d'un nouveau corps politique. Dans le cours de la Révolution américaine, le stade de la libération fut celui de la libération de la contrainte politique, de la tyrannie ou de la monarchie – quel que soit le mot qu'on choisisse. Le premier stade fut caractérisé par la violence, mais le second fut une affaire de délibération, de discussion et de persuasion, en bref d'application de la « science politique » au sens où les Pères fondateurs comprenaient ce terme. Alors qu'en France, il se passa quelque chose de totalement différent. Le premier stade de la révolution fut bien plus caractérisé par la désintégration que par la violence, et quand le second stade fut atteint, et que la Convention nationale eut déclaré que la France était une république, le pouvoir était déjà passé à la rue. Les hommes – qu'ils s'appellent Mirabeau ou Robespierre, Danton ou Saint-Just – qui s'étaient rassemblés dans Paris pour représenter la *nation** plutôt que le *peuple**, et qui étaient préoccupés surtout du gouvernement, de la réforme de la monarchie, et plus tard de la fondation d'une république, se virent soudain confrontés à une tâche nouvelle, celle de libérer le peuple de la misère : de le libérer pour qu'il soit libre. Ce n'était pas encore ce caractère entièrement nouveau que Marx et Tocqueville verraient dans la révolution de 1848, où il ne s'agissait plus simplement de changer de forme de gouvernement, mais de tenter de modifier l'ordre de la société par le biais de la lutte des classes. Ce n'est qu'après février 1848, après que

« la première grande bataille entre les deux classes qui divisent la société moderne » eut été livrée, que Marx nota que la révolution signifiait désormais le renversement de la société bourgeoise, alors qu'elle avait signifié jusque-là le renversement de la forme de l'État[1]. La Révolution française de 1789 était le prélude à cela, et même si elle s'est achevée sur un terrible échec, elle est restée décisive pour toutes les révolutions suivantes. Elle a montré ce que la nouvelle formule, c'est-à-dire que les hommes sont nés égaux, signifiait en pratique. Et c'est à cette égalité que songeait Robespierre quand il disait que la révolution veut substituer

1. Karl Marx, *Les Luttes de classes en France*, in *Œuvres politiques*, t. 1, Paris, Gallimard, coll. « Bibliothèque de la Pléiade », 1994, p. 259.

« la grandeur de l'homme à la petitesse des grands[1] » ; et Hamilton de même, quand il disait qu'il appartient à la révolution de venger l'honneur de la race humaine ; et aussi Kant, instruit par Rousseau et la Révolution française, quand il parlait d'une nouvelle dignité de l'homme. Quoi que la Révolution française ait fait et qu'elle n'ait pas réussi – et elle n'a pas atteint l'égalité humaine –, elle a libéré les pauvres de l'obscurité, de l'invisibilité. Ce qui a semblé irrévocable depuis, c'est que ceux qui avaient la passion

1. Maximilien Robespierre, *Discours à la Convention du 18 pluviôse an II* (5 février 1794), « Rapport sur les principes de morale politique qui doivent guider la Convention nationale dans l'administration intérieure de la République », in *Œuvres*, vol. III, Paris, 1840, p. 542.

de la liberté ont pu rester réconciliés avec un état des choses où la liberté vis-à-vis de la nécessité – *la liberté d'être libre* – restait l'apanage de quelques privilégiés.

À propos des rapports qu'entretenaient à l'origine les révolutionnaires et la masse des pauvres qu'ils allaient tirer de l'obscurité, laissez-moi citer la description de lord Acton de la marche des femmes sur Versailles, l'un des grands tournants de la Révolution française. Les marcheuses, dit-il, « se conduisirent véritablement comme des mères dont les enfants mouraient de faim dans des maisons sordides, et elles apportèrent donc à des motifs, qu'elles ne partageaient ni ne comprenaient (c'est-à-dire le souci du gouvernement), l'appui d'une pointe de diamant à laquelle rien ne pouvait résister[1] ». Ce que le *peuple**, tel que les Français le comprenaient, apporta à la révolution et qui fut totalement absent du cours des événements en Amérique, ce fut le caractère irrépressible d'un mouvement qu'aucun pouvoir humain n'était plus en mesure de contrôler. Cette expérience d'un mouvement irrépressible – autant que celui des étoiles – suscita une imagerie entièrement nouvelle, qu'aujourd'hui encore nous associons presque automatiquement à des événements révolutionnaires. Quand Saint-Just s'exclamait, frappé de ce qu'il avait sous les yeux, « les malheu-

---

1. Lord Acton, *Lectures on French Revolution*, Londres, Macmillan, 1910.

reux sont les puissances de la terre[1] », il entendait le « torrent révolutionnaire » (Desmoulins) sur les vagues duquel les acteurs étaient portés et emportés jusqu'à ce que son reflux les entraîne par le fond et qu'ils périssent avec leurs ennemis, les agents de la contre-révolution. Il entendait la tempête révolutionnaire de Robespierre, nourrie des crimes de la tyrannie d'un côté et du progrès de la liberté de l'autre, le puissant courant ne cessant de croître en rapidité et en violence. Ou encore le paysage décrit par les observateurs – « La lave de la Révolution coule majestueusement

1. Saint-Just, « Rapport sur les personnes incarcérées, présenté à la Convention nationale le 8 ventôse an II », in *Œuvres complètes*, *op. cit.*, p. 705 ; en français dans le texte.

et n'épargne plus rien[1] », un spectacle tombé sous le signe de Saturne, « la révolution dévorant ses propres enfants » (Vergniaud). Les mots que je cite ici ont tous étés prononcés par des hommes profondément impliqués dans la Révolution française et témoignent des choses auxquelles ils ont assisté, et non pas de celles qu'ils ont faites ou décidées. C'est ce qui s'est passé, et cela a enseigné aux hommes une leçon qui, dans l'espoir comme dans la peur, n'a jamais été oubliée. Cette leçon, aussi simple qu'elle était nouvelle et inattendue, c'est que, pour reprendre les mots de Saint-Just, « si vous voulez une République, vous

1. Georg Forster, lettre à Thérèse du 24 octobre 1793, in *Georg Forsters Werke*, vol. IX, Berlin, Akademie-Verlag, 1958, p. 461.

devez vous occuper de tirer le peuple d'un état d'incertitude et de misère qui le corrompt. [...] On n'a point de vertus politiques sans orgueil ; on n'a point d'orgueil dans la détresse[1] ».

Cette nouvelle notion de la liberté, qui reposait sur la libération de la pauvreté, modifia à la fois le cours et le but de la révolution. La liberté désormais signifiait avant tout « le vêtement, la nourriture et la reproduction de l'espèce » pour les sans-culottes, qui distinguaient soigneusement leurs propres droits de ceux énoncés en langage élevé et, pour eux, dépourvu de sens, dans la proclamation des Droits de l'homme et du citoyen.

---

1. Saint-Just, *Discours sur les subsistances*, séance de la convention du 29 novembre 1792, in *Œuvres complètes*, *op. cit.*, p. 383.

Comparées à l'urgence de leurs revendications, toutes les délibérations sur la meilleure forme de gouvernement paraissaient soudain futiles et dépourvues de sens. « La république ? La monarchie ? Je ne connais que la question sociale[1] », disait Robespierre. Et Saint-Just, qui avait d'abord manifesté le plus grand enthousiasme pour les « institutions républicaines », ajoutait : « La liberté du peuple est dans sa vie privée, ne la troublez point. [...] Que le gouvernement ne soit [...] une force que pour protéger cet état de

1. L'expression qui se rapproche le plus de cette citation est la suivante : « Est-ce dans les mots de république ou de monarchie que réside la solution du grand problème social ? » (*Le Défenseur de la constitution*, ouvrage périodique, 17 mai 1792, in *Œuvres*, vol. I, *op. cit.*, p. 319.)

simplicité contre la force même[1]. » Il l'ignorait sans doute, mais c'était précisément le credo des despotes éclairés qui soutenaient, avec Charles Ier d'Angleterre dans son discours sur l'échafaud, que « la liberté du peuple consiste à avoir le gouvernement qui garantisse le mieux sa vie et ses biens, et non de prendre part au gouvernement, qui ne le concerne en rien ». S'il était vrai, comme tous les participants émus par la misère du peuple en tombaient soudainement d'accord, que « le but de la révolution est le bonheur du peuple », ce bonheur pourrait être garanti par un gouvernement despotique suffisamment éclairé plus que par une république.

1. Saint-Just, *Fragments d'Institutions républicaines*, chap. I, in *Œuvres complètes*, *op. cit.*, p. 968.

La Révolution française se termina en désastre et devint un tournant de l'histoire du monde ; la Révolution américaine fut un triomphe et demeura une affaire locale, en partie parce que les conditions sociales dans le reste du monde étaient bien plus proches de celles de la France, mais aussi parce que la tradition pragmatique anglo-saxonne si vantée empêcha les générations suivantes d'Américains de réfléchir à leur révolution et de conceptualiser correctement ses leçons. Il n'est donc pas surprenant que le despotisme, ou en réalité le retour à l'ère de l'absolutisme éclairé, qui s'annonçait clairement dans le cours de la Révolution française, soit devenu la règle des révolutions suivantes – du moins de celles qui n'aboutirent pas à la restauration du *statu quo ante* –, au point de devenir dominant dans la théorie de la révolution. Je n'ai pas besoin d'insister sur ce point ; il est suffisamment connu, en particulier à travers l'histoire du parti bolchevique et de la Révolution russe. Cela était prévisible. À la fin de l'été 1918 – après la promulgation de la constitution soviétique mais avant la première vague de terreur suscitée par la tentative d'assassinat de Lénine –, Rosa Luxembourg, dans une lettre privée publiée par la suite et désormais célèbre, écrivait ceci : « Si l'on étouffe la vie politique dans tout le pays, [...] la vie de n'importe quelle institution publique cesse, se transforme en pseudo-vie, dans laquelle le seul élément actif qui subsiste est la bureaucratie. La vie publique s'assoupit peu à peu, quelques dizaines de dirigeants du parti d'une énergie inépuisable et d'un idéalisme sans limites dirigent et gouvernent. Parmi eux, la direction est assurée en réalité par une douzaine d'esprits supérieurs et l'élite des ouvriers est de temps à autre invitée à se réunir pour applaudir les discours des chefs et approuver à l'unanimité les résolutions qu'on lui soumet. [...] Il s'agit bien d'une dictature, mais ce n'est pas la dictature du prolétariat, mais celle d'une poignée d'hommes politiques[1]. »

Que les choses aient tourné ainsi – à part pour le régime totalitaire de Staline, dont il serait difficile de tenir responsable Lénine ou la tradition révolutionnaire –, nul ne songe

1. *Rosa Luxembourg*, « La révolution russe » (été 1918), in *Textes*, Paris, Éditions sociales, 1982.

à le nier. Ce qui est peut-être moins visible, c'est qu'il suffirait de changer quelques mots pour obtenir une parfaite description des maux de l'absolutisme avant les révolutions.

Une comparaison entre les deux premières révolutions, dont les débuts furent si semblables et l'issue si remarquablement différente, démontre clairement, je pense, que la maîtrise de la pauvreté est un prérequis à la fondation de la liberté, mais aussi que la libération de la pauvreté ne peut pas être traitée de la même façon que la libération de l'oppression politique. Car si la violence jetée contre la violence conduit à la guerre, étrangère ou civile, la violence jetée contre les conditions sociales a toujours conduit à la terreur. C'est la terreur plutôt que la pure violence, la terreur déchaînée après la fin de l'ancien régime et l'instauration du nouveau, qui pousse les révolutions à leur fin, ou qui les déforme à un point tel qu'elles tombent dans la tyrannie et le despotisme.

J'ai dit précédemment que le but originel de la révolution était la liberté au sens de l'abolition du gouvernement personnel, quand chacun est admis dans l'espace public et autorisé à participer à l'administration des affaires communes à tous. Le gouvernement lui-même a sa source la plus légitime non pas dans le désir du pouvoir, mais dans le désir humain d'émanciper l'humanité des nécessités de la vie, ce qui exige de la violence, des moyens de forcer la multitude à porter le fardeau des privilégiés pour qu'enfin certains puissent être libres. C'est cela, et non l'accumulation de richesses, qui était le cœur de l'esclavage, au moins dans l'Antiquité, et c'est l'avancée de la technologie moderne, plutôt que l'avancée de quelconques concepts politiques modernes, y compris des idées révolutionnaires, qui a transformé cette condition humaine, du moins dans certaines parties du monde. Ce que l'Amérique a réussi par une chance exceptionnelle, beaucoup d'autres États aujourd'hui – je n'ai pas dit tous – peuvent l'obtenir par un effort calculé et un développement organisé. C'est là le fond de notre espoir : pouvoir tirer les leçons des révolutions déformées tout en restant attachés à leur indéniable grandeur, et aussi aux promesses qu'elles contiennent

Permettez-moi en guise de conclusion d'aborder un autre aspect de la liberté qui est apparu au cours des révolutions, et auquel les révolutionnaires n'étaient en rien préparés. C'est l'idée que la liberté et l'expérience réelle de lancer un nouveau commencement dans le continuum historique doivent coïncider. Laissez-moi vous rappeler une fois encore le *novus ordo saeclorum.* Cette phrase énigmatique est tirée de Virgile, qui parle dans la quatrième églogue de ses *Bucoliques* du « grand cycle qui revient » sous le règne d'Auguste : *Magnus ab integro saeclorum nascitur ordo*[1].

---

1. « Voici finir le temps marqué par la Sibylle. / *Un âge tout nouveau, un grand âge va naître* / La Vierge nous revient, et les lois de Saturne / Et le ciel nous envoie une race nouvelle » (traduction de Paul Valéry ; nous soulignons).

Virgile parle ici d'un grand *(magnus)* âge, mais non d'un âge nouveau *(novus)*, et c'est cette différence, dans un vers souvent cité à travers les siècles, qui caractérise les expériences de l'ère moderne. Pour Virgile – cette fois dans le langage du XVIIe siècle –, il s'agissait de fonder Rome « à nouveau » mais non de fonder une « nouvelle Rome ». Il échappait ainsi, d'une façon typiquement romaine, aux risques de violence qu'aurait suscités l'idée d'un nouveau commencement susceptible d'introduire une cassure dans la tradition de Rome, c'est-à-dire dans la transmission du récit de la fondation de la cité éternelle. Certes, on pourrait soutenir que le nouveau commencement, auquel les spectateurs des premières révolutions pensaient assister, n'était que la renaissance de quelque chose de très ancien : la renaissance d'un domaine politique séculier après des siècles de christianisme, de féodalisme et d'absolutisme. Mais qu'il s'agisse d'une naissance ou d'une renaissance, ce qui est décisif dans le vers de Virgile, c'est qu'il est tiré d'un hymne à la nativité, qui ne prophétise pas la naissance d'un enfant divin, mais qui chante la louange de la *naissance en soi*, de l'apparition d'une nouvelle génération, le grand événement salvateur ou « miracle » qui renouvelle sans cesse l'humanité. En d'autres termes, c'est l'affirmation de l'aspect divin de la naissance, et de la conviction que le salut du monde tient dans l'éternelle régénération de l'espèce humaine.

Ce qui fit revenir les hommes de la Révolution à ce poème particulier de l'Antiquité, outre leur érudition, fut à mon sens que l'*idée* prérévolutionnaire de liberté et l'expérience d'être libre coïncidaient, ou plutôt étaient en lien étroit avec le fait de commencer quelque chose de nouveau, avec, au sens métaphorique, la naissance d'une nouvelle ère. Être libre et commencer quelque chose de nouveau était perçu comme une seule et même chose. Et bien sûr, ce mystérieux don humain qu'est la capacité à commencer quelque chose de nouveau est lié au fait que chacun de nous arrive en ce monde en tant que nouveau venu par la naissance. En d'autres termes, nous pouvons commencer quelque chose parce que nous *sommes* des commencements et donc des débutants. Puisque notre capacité à agir et à parler – et parler n'est qu'un autre mode de l'action – fait de nous des êtres politiques, et puisque « agir » a toujours signifié mettre en marche quelque chose qui n'était pas là auparavant, la naissance, la natalité humaine, qui correspond à la mortalité humaine, est la condition ontologique *sine qua non* de toute politique. Ce fait était connu de l'Antiquité grecque et romaine, bien que de façon moins explicite. Il est apparu au premier plan dans les expériences de révolution et il a influencé, bien que là encore sur un mode peu explicite, ce que l'on peut appeler l'esprit révolutionnaire. Quoi qu'il en soit, la chaîne des révolutions, qui pour le meilleur et pour le pire est devenue la marque du monde dans lequel nous vivons, nous révèle l'éruption de nouveaux commencements au sein du continuum temporel et historique. Pour nous, qui devons cela à une révolution et à la fondation, à sa suite, d'un corps politique entièrement nouveau dans lequel nous pouvons marcher avec dignité et agir dans la liberté, il serait sage de nous rappeler ce qu'une révolution signifie dans la vie des nations. Qu'elle réussisse avec la constitution d'un espace public pour la liberté, ou qu'elle se solde par un désastre, pour ceux qui s'y sont risqués ou y ont participé contre leur inclination et leurs attentes, le sens d'une révolution est la réalisation de l'une des plus grandes et plus élémentaires potentialités humaines, l'expérience inégalée d'être libre d'accomplir un nouveau commencement, qui donne la fierté d'avoir ouvert le monde à un *novus ordo saeclorum.*

Machiavel, qu'on surnomme à juste titre « le père des révolutions », désirait passionnément un nouvel ordre des choses pour l'Italie, sans pourtant avoir une grande expérience de ces questions. Ainsi, il croyait encore que les « novateurs », c'est-à-dire les révolutionnaires, rencontreraient leurs plus grandes difficultés au début de la prise de pouvoir, et en auraient moins à le conserver. Les révolutions nous ont appris que c'est l'inverse qui est vrai – il est assez facile de s'emparer du pouvoir mais infiniment plus difficile de le conserver –, comme Lénine, qui était un bon témoin de ces questions, l'a fait remarquer un jour. Pourtant Machiavel en savait assez pour affirmer : « Il n'y a pas de chose plus difficile à entreprendre et plus incertaine à réussir, ni plus périlleuse à conduire, que de prendre l'initiative pour introduire de nouvelles institutions[1]. » J'imagine que quiconque comprend quelque chose à l'histoire du XXe siècle tombera d'accord avec cette phrase. En outre, les dangers que redoutait Machiavel se sont révélés des plus réels jusqu'à nos jours, bien qu'il n'eût pas encore conscience du plus grand danger des révolutions modernes – le danger qui vient de la pauvreté. Il mentionne ce

1. Machiavel, *Le Prince*, chap. VI, in *Œuvres*, traduit par Christian Bec, Paris, Robert Laffont, coll. « Bouquins », 1996, p. 123.

que, depuis la Révolution française, on a appelé les forces contre-révolutionnaires, représentées par ceux qui « profitent des anciennes institutions », et la tiédeur de ceux-là mêmes qui pourraient tirer profit de l'ordre nouveau, qu'il attribue au « manque de confiance des hommes, lesquels n'ont pas vraiment confiance dans les choses nouvelles, s'ils n'en voient pas apparaître une solide expérience[1] ». Pour Machiavel cependant, le danger ne se situait que dans l'échec de la tentative de fonder un nouvel ordre des choses, et donc dans l'affaiblissement du pays où se déroule cette tentative. En cela aussi il voyait juste, car une telle faiblesse,

---

1. *Ibid.*

c'est-à-dire la vacance du pouvoir dont je parlais plus haut, peut fort bien attirer les envahisseurs. Non pas que cette vacance du pouvoir n'ait pas existé auparavant, mais elle peut rester dissimulée pendant des années jusqu'à ce qu'un événement décisif se produise, quand l'effondrement de l'autorité et une révolution la rendent manifeste dans des appels à envahir l'espace public où elle peut être vue et connue de tous. Outre cela, nous avons vu le suprême danger : que la tentative avortée de fonder les institutions de la liberté conduise à l'abolition totale de tous les droits et de toutes les libertés.

Précisément parce que les révolutions posent la question de la liberté politique sur le mode le plus réel et le plus radical – liberté de participer aux affaires publiques, liberté d'action –, toutes les autres libertés politiques et civiles sont menacées quand les révolutions échouent. Les révolutions déformées, comme la Révolution d'octobre sous Lénine, ou les révolutions avortées, comme les divers soulèvements dans les pays d'Europe centrale après la Première Guerre mondiale, peuvent avoir, comme nous le savons, des conséquences d'une horreur sans précédent. Le problème est que les révolutions sont rarement réversibles, et qu'une fois qu'elles ont eu lieu elles ne peuvent pas être oubliées, comme le disait Kant à propos de la Révolution française à une époque où la terreur régnait en France. Cela ne signifie pas forcément que le mieux serait de prévenir les révolutions, car si celles-ci sont les conséquences de régimes en pleine désintégration, et non pas le « produit » des révolutionnaires – qu'ils soient organisés en sectes de nature conspiratrice ou en partis –, empêcher une révolution signifie changer la forme du gouvernement, ce qui signifie à son tour effectuer une révolution avec tous les dangers que cela suppose. L'effondrement de l'autorité et du pouvoir, qui en règle générale survient avec une soudaineté surprenante non seulement pour les lecteurs des journaux, mais pour les services secrets et leurs experts qui en sont témoins, ne devient une révolution au plein sens du terme que lorsqu'il existe des gens désireux et capables de recueillir le pouvoir et, pour ainsi dire, de pénétrer au cœur de la vacance du pouvoir. Ce qui se passe alors dépend de nombreux facteurs, dont la capacité des puissances étrangères à comprendre le caractère irréversible des pratiques révolutionnaires. Mais cela dépend avant tout de qualités subjectives et du succès ou de l'échec moral et politique de ceux qui sont disposés à assumer la responsabilité du pouvoir. Nous avons peu de raisons d'espérer qu'à un moment quelconque dans un avenir assez proche, ces hommes auront la même sagesse pratique et théorique que les hommes de la Révolution américaine, qui devinrent les fondateurs de ce pays. Mais je crains que ce petit espoir soit le seul qui nous reste que la liberté au sens politique ne sera pas à nouveau effacée de la surface de la terre pour Dieu sait combien de siècles.

TABLE

44400 Rezé

Achevé d'imprimer en mars 2024
sur les presses de Normandie Roto Impression s.a.s.
à Lonrai (Orne)
pour le compte des Éditions Payot & Rivages
60/62, avenue de Saxe - 75015 Paris
N° d'imprimeur : 2401530
Dépôt légal : mars 2019

Imprimé en France